El aprovechado plano inclinado

Julie Murray

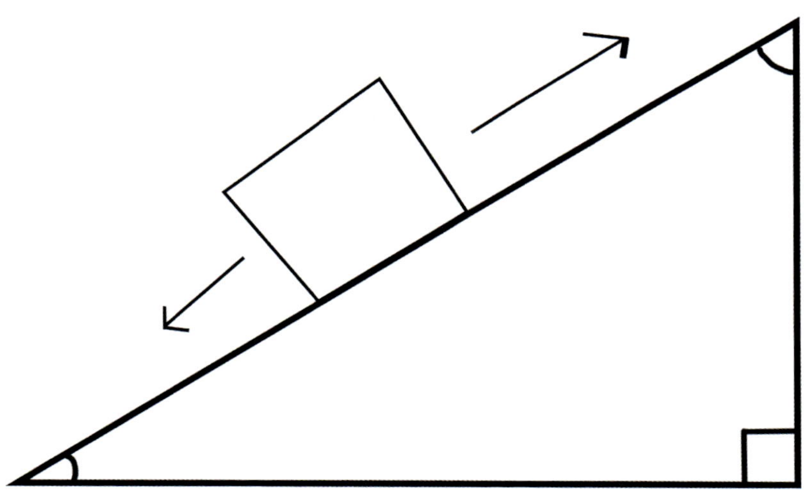

Abdo Kids Junior es una
subdivisión de Abdo Kids
abdobooks.com

abdobooks.com

Published by Abdo Kids, a division of ABDO, P.O. Box 398166, Minneapolis, Minnesota 55439.

Abdo Kids Junior™ is a trademark and logo of Abdo Kids.

Printed in China

052025

092025

Spanish Translator: Maria Puchol

Photo Credits: Getty Images, Shutterstock

Production Contributors: Teddy Borth, Jennie Forsberg, Grace Hansen

Design Contributors: Candice Keimig, Pakou Moua

Library of Congress Control Number: 2024949268

Publisher's Cataloging-in-Publication Data

Names: Murray, Julie, author.

Title: El aprovechado plano inclinado/ by Julie Murray

Other title: The incredible inclined plane. Spanish

Description: Minneapolis, Minnesota: Abdo Kids, 2026. | Series: Máquinas simples | Includes online resources and index

Identifiers: ISBN 9798384906476 (lib.bdg.) | ISBN 9798384907039 (ebook)

Subjects: LCSH: Simple machines--Juvenile literature. | Inclined planes--Juvenile literature. | Ramps--Juvenile literature. | Machinery--Juvenile literature. | Hand tools--Juvenile literature. | Spanish language materials--Juvenile literature.

Classification: DDC 621.8--dc23

Contenido

El aprovechado plano inclinado

Al plano inclinado también se le llama rampa. Es una máquina simple.

Una rampa se usa para llevar objetos a lugares más altos o más bajos.

Un plano inclinado
tiene la superficie plana.
No tiene partes móviles.

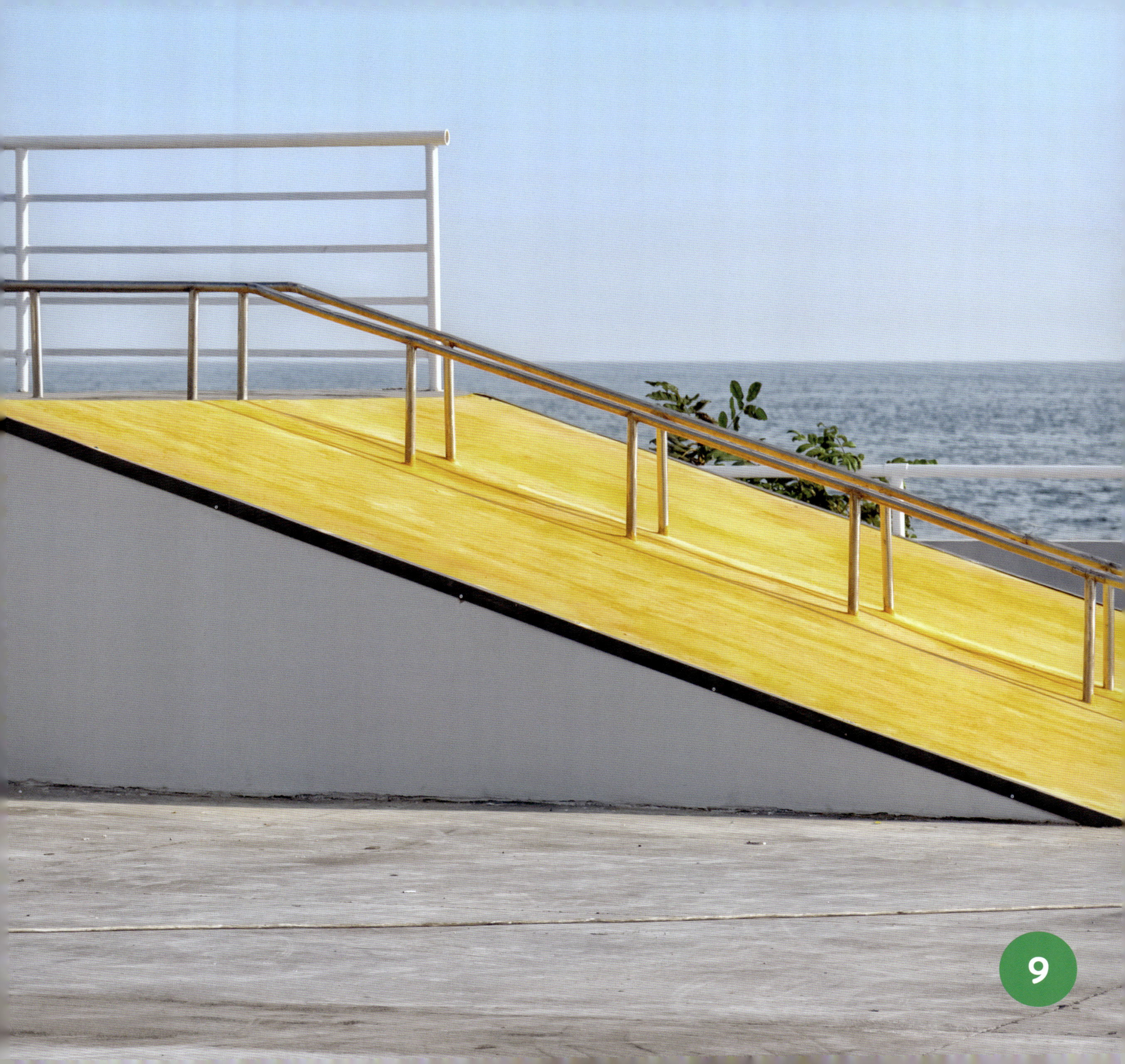

Las rampas tienen tres lados. Esos tres lados forman un triángulo.

altura
longitud de
inclinación
largo

El lado más largo
está inclinado.

Se necesita ejercer una **fuerza** para poder mover la **carga**.

carga
fuerza
gravedad

Un plano inclinado ayuda a repartir la **fuerza**.

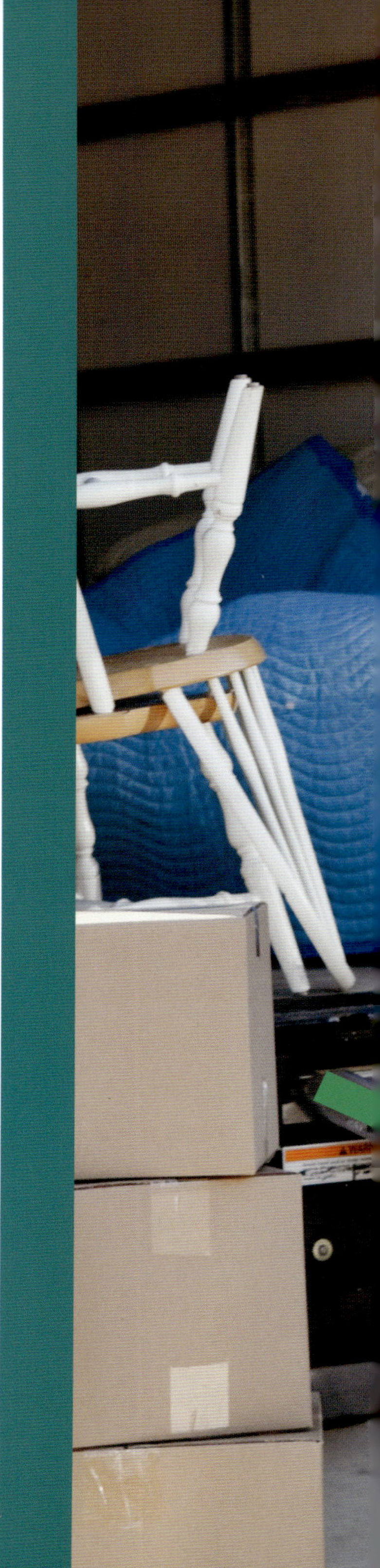

carga
fuerza
gravedad

Se requiere menos **fuerza** para mover la **carga**.

Una **carga** se mueve muy fácilmente con un plano inclinado.

Planos inclinados por todas partes

escaleras

rampa para una silla de ruedas

tejado inclinado

tobogán

Glosario

carga
cantidad de algo que transportar.

fuerza
potencia, energía, resistencia física.

Índice